Manual
del Contribuyente
Planilla 1040
2012

Francisco García de Quevedo, CPA
Taxes and Accounting Services

Certified Public Accountant

8316 Hanley Road, Suite 5
Tampa, FL 33634
TEL (813) 888-8333; FAX (813) 249-5645

intuit
Certified
ProAdvisor
QuickBooks

cpa@cpahispano.com
www.cpahispano.com

Manual del Contribuyente

Planilla 1040 2012

Exclusión de Responsabilidad

Este reporte ha sido escrito para proveer información sobre la planilla 1040 del 2012. Se han hecho todos los esfuerzos posibles para que este reporte sea lo más exacto y adecuado posible. Sin embargo puede que existan errores ortográficos y/o de contenido. La información está actualizada a la fecha de la publicación y está basada en la experiencia/investigación del autor. Por esta razón se debe considerar como una guía únicamente.

El propósito del reporte es educativo y tanto el autor como la editorial no garantizan que el contenido sea 100% exacto por lo que no se responsabilizan por ningún tipo de error u omisión.

Tanto el autor como la editorial se liberan de cualquier tipo de responsabilidad a cualquier persona o entidad por daños o pérdidas causados o supuestamente causados, directa o indirectamente por este reporte.

Si no está de acuerdo con le exclusión anterior por favor no lea y devuelva este reporte.

Aclaración de Conexión y Divulgación

Usted debe asumir que el autor y el editor tienen una relación de afiliados y/o algún otro tipo de conexión material con los proveedores de productos y servicios mencionados en esta guía y pueden ser compensados cuando usted compre de un proveedor. Le recomendamos informase adecuadamente sobre cualquier producto o servicio que vaya a comprar en línea o fuera de ella.

Mensaje del Autor

La manera más efectiva de reducir sus impuestos es tomando conocimiento de cómo preparar su planilla. Este manual tiene el propósito de enseñarle paso a paso como se prepara la planilla de contribución sobre ingresos para el año contributivo 2012. El manual le va a ampliar su conocimiento de su responsabilidad contributiva. Aprenda las reglas de juego de nuestro sistema contributivo. El conocimiento de cómo preparar su planilla le permite cumplir con su responsabilidad y en reducir su contribución.

Hemos tratado de mantener el contenido lo más simple para mejor compresión del lector.

El manual está dividido en tres partes principales:

1. La Planilla 1040EZ

2. La Planilla 1040A

3. La Planilla 1040

En cada una de estas partes hemos segregado el contenido según las secciones de la planilla. También se ha incluido graficas de las partes de la planilla correspondiente.

Esperamos que este manual le sea de ayuda para reducir sus impuestos y cumplir con su obligación contributiva.

Para facilitar aún más el aprendizaje hemos preparado un video basado en este manual. Información sobre el video la encuentra en *MenosTax.com*

El autor es un Contador Público Autorizado (CPA) con licencia del Estado de la Florida y Puerto Rico. García de Quevedo obtuvo su Bachillerato en contabilidad de la Universidad de Puerto Rico y su Maestría de la Universidad Interamericana.

Para comunicarse con el autor:

cpa@cpahispano.com

Tabla de Contenidos

Introducción

¿Quiénes están obligados a rendir planilla?

En terminos generales todos los ciudadanos, residentes y no residentes que reciben ingresos del Estados Unidos, usted esta obligado a radicar una planilla de contribucion sobre ingresos antes del dia 15 del cuarto mes (Abril 15). Las corporaciones estan obligadas a radicar su planilla antes del 15 el tercer mes (Marzo 15). Hay exepciones a estas reglas si su año contributivo no es el año calendario. Usted debe presentar una declaración federal de impuestos si su ingreso es más alto de cierto nivel, lo que varía dependiendo de su estado civil, edad y el tipo de ingresos que usted recibe. Para el año 2012 usted podría estar exento de radicación si sus ingresos son menores de:

- Soltero - $9,500
- Casado rindiendo Juntos: $19,000
- Casado rindiendo separado:$3,700
- Jefe de familia: $12,200
- Empleado por cuenta propia $400

El no rendir y pagar su planilla a tiempo está sujeto a altas penalidades y podría conllevar cargos criminales.

Hay algunos casos en los que usted quisiera presentar una declaración de impuestos aunque no esté obligado a hacerlo. Incluso, si usted no tiene que presentar, aquí hay varias razones por las que usted quisiera hacerlo:

1. ***Ingreso Tributario Federal Retenido*** *Usted debe presentar una planilla para que le reembolsen el dinero de impuestos federales que se le retuvo de su sueldo, o si hizo pagos de impuesto estimado, o si tuvo un pago en exceso del año anterior aplicado al impuesto de este año.*

2. ***Crédito Tributario por Ingreso del Trabajo*** *(EITC, por sus siglas en inglés) Usted puede calificar para el EITC si trabajó, pero no ganó mucho dinero. EITC es un crédito fiscal reembolsable, lo que significa que usted podría calificar para un reembolso en impuestos.*

3. ***El Crédito Tributario de Hijos y el Crédito Adicional por hijos.*** *Este crédito reembolsable puede estar disponible a usted si tiene por lo menos un niño menor de 17 años que califica y usted no recibió la cantidad entera del Crédito Tributario de Niño.*

4. ***Crédito Tributario de la Oportunidad Americana.*** *Si usted participo en estudios universitario podría calificar para este crédito. El crédito máximo por estudiante es $2,500 y es por los primeros cuatro años de la educación post secundaria.*

Las Planillas 1040

Nuestro sistema tributario está basado en la radicación de *planillas* anuales con información sobre sus ingresos y gastos. Hay tres planillas 1040 para individuos, la Planilla 1040 EZ, la Planilla 1040A, la planilla 1040.

Las Partes De La Planilla

1. La primera parte de la planilla es similar para todas las planillas para informar el nombre, dirección y número de identificación (seguro social o TIN). Esta sección es similar para las tres planillas 1040. A continuación un ejemplo.

Luego del encabezamiento las partes varían según la planilla:

La Planilla 1040 EZ contiene las siguientes secciones:
1. Sección de Ingresos (Income)
2. Sección de pagos, créditos y contribución determinada (payments, credits and tax)
3. Sección de reembolso si alguno (refund)
4. Sección de deuda contributiva si alguna (amount you owe)
5. Sección para nombrar un representante (third party designee)
6. Sección de Juramentación (Sign Here)
7. Sección de información del preparador si alguno

La Planilla 1040-A contiene las siguientes secciones:
1. Sección de estado civil (filing status)
2. Sección de exenciones (exemptions)

3. Sección de Ingresos (Income)
4. Sección de Ingreso bruto ajustado (adjusted gross income)
5. Sección de pagos, créditos y contribución determinada (tax, credits and payments)
6. Sección de reembolso si alguno (refund)
7. Sección de deuda contributiva si alguna (amount you owe)
8. Sección para nombrar un representante (third party designee)
9. Sección de Juramentación (Sign Here)
10. Sección de información del preparador si alguno (paid preparer use only)

La Planilla 1040 contiene las siguientes secciones:

1. Sección de estado civil (filing status)
2. Sección de exenciones (exemptions)
3. Sección de Ingresos (Income)
4. Sección de Ingreso bruto ajustado (adjusted gross income)
5. Sección de contribución y créditos (tax and credits)
6. Sección de otros impuestos (other taxes)
7. Sección de pagos (payments)
8. Sección de reembolso si alguno (refund)
9. Sección de deuda contributiva si alguna (amount you owe)
10. Sección para nombrar un representante (third party designee)
11. Sección de Juramentación (Sign Here)
12. Sección de información del preparador si alguno

LA PLANILLA 1040 EZ

El Formulario 1040EZ es la forma más simple para llenar. Puede utilizar el formulario 1040EZ si reúne todas las condiciones siguientes:

1. Su estado civil es soltero o casado declarando juntos.
2. No reclama dependientes
3. Usted y su conyugue (si radicando juntos) son menores de 65 años al 1 de enero del 2012 y no ciego(s).
4. Su ingreso es solo de salarios (W-2), propinas, desempleo, becas, e intereses menores de $1,500. Su ingreso tributable es menor de $1,500.
5. Sus propinas ganadas están incluidas en su formulario W-2.
6. No recibió Crédito Tributario por ingresos (EIC) por adelantado.
7. No debe impuestos sobre empleo de un trabajador(a) a domicilio.
8. No es un deudor en Capitulo 11 en casos radicado después de Octubre 16 del 2005.
9. No reclama deducciones detalladas.
10. No reclama deducciones sobre préstamos estudiantiles, gastos de educador, matricula o gastos de educación superior.
11. No reclama créditos por educación, ahorro, o seguros médico.

Si usted presentar el formulario 1040EZ, no se puede detallar las deducciones o reclamar ajustes a los créditos fiscales o ingresos (excepto el crédito de rentas del trabajo).

A continuación un ejemplo de una planilla 1040EZ:

Department of the Treasury—Internal Revenue Service

Form 1040EZ

Income Tax Return for Single and Joint Filers With No Dependents (99)   **2012**

OMB No. 1545-0074

Your first name and initial	Last name

Your social security number

If a joint return, spouse's first name and initial	Last name

Spouse's social security number

Home address (number and street). If you have a P.O. box, see instructions.   Apt. no.

▲ Make sure the SSN(s) above are correct.

City, town or post office, state, and ZIP code. If you have a foreign address, also complete spaces below (see instructions).

Presidential Election Campaign
Check here if you, or your spouse if filing jointly, want $3 to go to this fund. Checking a box below will not change your tax or refund. ☐ You ☐ Spouse

Foreign country name	Foreign province/state/county	Foreign postal code

Income

Attach Form(s) W-2 here.

Enclose, but do not attach, any payment.

1 Wages, salaries, and tips. This should be shown in box 1 of your Form(s) W-2. Attach your Form(s) W-2. **1**

2 Taxable interest. If the total is over $1,500, you cannot use Form 1040EZ. **2**

3 Unemployment compensation and Alaska Permanent Fund dividends (see instructions). **3**

4 Add lines 1, 2, and 3. This is your adjusted gross income. **4**

5 If someone can claim you (or your spouse if a joint return) as a dependent, check the applicable box(es) below and enter the amount from the worksheet on back.
☐ You ☐ Spouse
If no one can claim you (or your spouse if a joint return), enter $9,750 if **single**; $19,500 if **married filing jointly**. See back for explanation. **5**

6 Subtract line 5 from line 4. If line 5 is larger than line 4, enter -0-. This is your **taxable income**. ▶ **6**

Payments, Credits, and Tax

7 Federal income tax withheld from Form(s) W-2 and 1099. **7**

8a Earned income credit (EIC) (see instructions). **8a**

b Nontaxable combat pay election. **8b**

9 Add lines 7 and 8a. These are your **total payments and credits**. ▶ **9**

10 Tax. Use the amount on **line 6** above to find your tax in the tax table in the instructions. Then, enter the tax from the table on this line. **10**

Refund

Have it directly deposited! See instructions and fill in 11b, 11c, and 11d or Form 8888.

11a If line 9 is larger than line 10, subtract line 10 from line 9. This is your **refund**. If Form 8888 is attached, check here ▶ ☐ **11a**

▶ b Routing number

▶ c Type: ☐ Checking ☐ Savings

▶ d Account number

Amount You Owe

12 If line 10 is larger than line 9, subtract line 9 from line 10. This is the **amount you owe**. For details on how to pay, see instructions. ▶ **12**

Third Party Designee

Do you want to allow another person to discuss this return with the IRS (see instructions)? ☐ Yes. Complete below. ☐ No

Designee's name ▶   Phone no. ▶   Personal identification number (PIN) ▶

Sign Here

Under penalties of perjury, I declare that I have examined this return and, to the best of my knowledge and belief, it is true, correct, and accurately lists all amounts and sources of income I received during the tax year. Declaration of preparer (other than the taxpayer) is based on all information of which the preparer has any knowledge.

Joint return? See instructions.

Keep a copy for your records.

Your signature	Date	Your occupation	Daytime phone number
Spouse's signature. If a joint return, both must sign.	Date	Spouse's occupation	If the IRS sent you an Identity Protection PIN, enter it here (see inst.)

Paid Preparer Use Only

Print/Type preparer's name	Preparer's signature	Date	Check ☐ if self-employed	PTIN

Firm's name ▶   Firm's EIN ▶

Firm's address ▶   Phone no.

For Disclosure, Privacy Act, and Paperwork Reduction Act Notice, see instructions.   Cat. No. 11329W   Form **1040EZ** (2012)

Instrucciones Para La Planilla 1040 EZ

Sección de Ingresos (Income)

Income				
Attach Form(s) W-2 here.	1	Wages, salaries, and tips. This should be shown in box 1 of your Form(s) W-2. Attach your Form(s) W-2.	1	
Enclose, but do not attach, any payment.	2	Taxable interest. If the total is over $1,500, you cannot use Form 1040EZ.	2	
	3	Unemployment compensation and Alaska Permanent Fund dividends (see instructions).	3	
	4	Add lines 1, 2, and 3. This is your **adjusted gross income.**	4	
	5	If someone can claim you (or your spouse if a joint return) as a dependent, check the applicable box(es) below and enter the amount from the worksheet on back. ☐ You ☐ Spouse If no one can claim you (or your spouse if a joint return), enter $9,500 if **single**; $19,000 if **married filing jointly**. See back for explanation.	5	
	6	Subtract line 5 from line 4. If line 5 is larger than line 4, enter -0-. This is your **taxable income.** ▶	6	

- **Línea 1** – En esta línea debe incluir sus ingresos de salarios, sueldos, bonificaciones y propinas de su formulario W-2. **Si usted tuvo otros ingresos o era empleado por cuenta propia usted no puede usar este formulario 1040EZ.**

- **Línea 2** – En esta línea debe incluir sus ingresos de intereses los cuales deben ser menores a $1,500.

- **Línea 3** – Si ha recibido beneficios de desempleo, el estado le enviará la forma 1099-G que incluye el total pagado por desempleo. En esta línea debe incluir sus ingresos de pagos recibidos por desempleo.

- **Línea 4** – Sume las líneas 1, 2 y 3 y coloque el total en esta línea.

- **Línea 5** – En esta línea debe incluir el valor monetario de sus exenciones. Si usted es soltero entre $9,500 o $19,000 si es casado rindiendo juntos. **Nota Si usted es reclamado como dependiente de otro contribuyente entonces la cantidad a incluir por exenciones es $5,800 o $11,600 si es casado rindiendo juntos.**

- **Línea 6** – Reste la cantidad de la línea 5 de la cantidad de la línea 4 y coloque el resultado en la línea 6. **Si el resultado es una cantidad negativa anote -0- en la línea 6. La línea 6 es su ingreso neto sujeto a contribución.**

Sección de pagos, créditos y contribución (Payments, Credit and Tax)- Lineas 7, 8a, 8b, 9 y 10.

Payments, Credits, and Tax	7	Federal income tax withheld from Form(s) W-2 and 1099.	7	
	8a	**Earned income credit (EIC)** (see instructions).	8a	
	b	Nontaxable combat pay election.	8b	
	9	Add lines 7 and 8a. These are your **total payments and credits.** ▶	9	
	10	Tax. Use the amount on **line 6 above** to find your tax in the tax table in the instructions. Then, enter the tax from the table on this line.	10	

- **Línea 7** – En esta línea debe incluir las retenciones que le hizo su patrono las cuales deben estar incluidas en el encasillado 2 de su forma W-2 o 1099-G si recibió desempleo.

- **Línea 8a** – En esta línea debe incluir el crédito por ingreso trabajado (EIC) si alguno.

- **Línea 8b** – En esta línea incluye cualquier cantidad reclamada como exenta por el personal militar en áreas de combate.

- **Línea 9** – Sume las líneas 7, 8ª y 8by anote el total en la línea 9. Este total representa los pagos y créditos a su contribución.

- **Línea 10** – Compute su contribución basado en las tablas contributivas (véase anejo 1) y entre la cantidad en esta línea.

Sección de reembolsos (Refunds)- Líneas 11a, 11b, 11c, 11d.

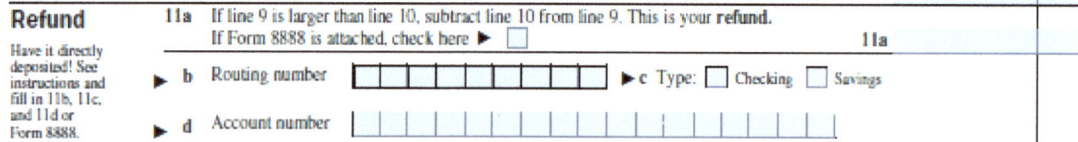

Refund	11a	If line 9 is larger than line 10, subtract line 10 from line 9. This is your **refund.**		
Have it directly deposited! See instructions and fill in 11b, 11c, and 11d or Form 8888.		If Form 8888 is attached, check here ▶ ☐	11a	
	▶ b	Routing number [ ]	▶ c Type: ☐ Checking ☐ Savings	
	▶ d	Account number [ ]		

- **Línea 11a** – Si la línea 10 es menor que la línea 9 usted tiene derecho a un reembolso sobre la cantidad pagada de más. Anote esta diferencia en la línea 11ª.

- **Línea 11b, c y d** – Si desea que su reembolso sea depositado directamente a su cuenta de banco (Mas Rápido) entre la ruta de banco, tipo de cuenta, y número de cuenta en estas líneas. De no entrar esta información entonces el Departamento del Tesoro de EU le enviara un cheque a la dirección indicada en el encabezamiento de su planilla.

Sección de reembolsos deuda contributiva (Amount You Owe)- Línea 12.

Amount You Owe	12	If line 10 is larger than line 9, subtract line 9 from line 10. This is the **amount you owe.** For details on how to pay, see instructions. ▶	12	

- **Línea 12** – Si la línea 10 es mayor que la línea 9 usted debe contribuciones y debe enviar un pago con su planilla.

La última sección de su planilla usted indicara si quiere que alguna persona lo represente, su juramentación y firma, e información sobre el preparador de la planilla.

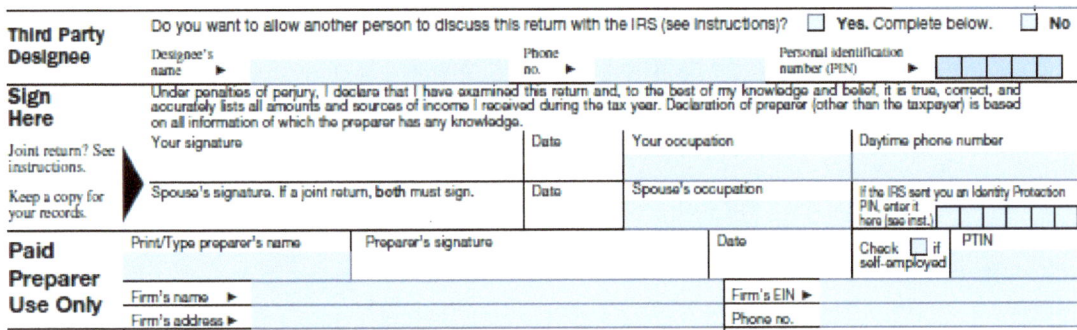

- **En la sección de "Third Party Designee"** marque el encasillado de "yes" (Si) o "No" (No) si quiere nombrar un representante. Si su contestación es afirmativa debe incluir el nombre, teléfono y Número de identificación de su representante.
- **En la sección de "Sign here"** debe usted y su conyugue firmar la planilla. Recuerde que mediante su firmar está usted certificando que la información suministrada en su planilla es correcta. Someter información falsa en su planilla estará sujeto a penalidades de perjurio y multas onerosas.
- **En la sección de "Paid Preparer Only"** asegúrese que si usted pago por la preparación de la planilla el preparador debe firmar la planilla e incluir sus datos de preparador. Los preparadores de planilla son regulados por el IRS y deben tener un número de practicante.

LA PLANILLA 1040A

El Formulario 1040A es la segunda forma más simple para llenar. Puede utilizar el formulario 1040A si reúne todas las condiciones siguientes:

1. Su ingreso proviene únicamente de salarios, sueldos, propinas, distribuciones de cuentas *IRA,* pensiones, y anualidades, prestaciones tributables del seguro social y de la jubilación ferroviaria, becas tributables de estudios y de desarrollo profesional, intereses, dividendos ordinarios (incluyendo dividendos del *Alaska Permanent Fund* (Fondo permanente de Alaska)), distribuciones de ganancias de capital, y compensación por desempleo.
2. Su ingreso tributable es menos de $100,000.
3. Sus ajustes al ingreso se deben solamente a lo siguiente:
   o Deducción de una cuenta de ahorros para el retiro (*IRA*)
   o Deducción de intereses sobre un préstamo de estudios.
4. No detalla las deducciones.
5. Sus impuestos se deben únicamente a los siguiente:
   o La Tabla de Impuestos.
   o Impuesto mínimo alternativo.
   o Pagos adelantados del crédito por ingreso del trabajo, si ha recibido alguno.
   o Recuperación de un crédito por estudios.
   o El Formulario 8615, *Tax for Certain Children Who Have Investment Income of More than $1,900*(Impuesto para determinados hijos con ingreso de inversiones superior a $1,900), en inglés.
   o La *Qualified Dividends and Capital Gain Tax Worksheet* (Hoja de trabajo para el impuesto sobre dividendos calificados y ganancias de capital), en inglés.
6. Reclama sólo los siguientes créditos tributarios:
   o El crédito por gastos del cuidado de menores y dependientes.
   o Crédito para ancianos o personas incapacitadas.
   o El crédito tributario por hijos.
   o El crédito tributario adicional por hijos.
   o Los créditos tributarios por estudios.
   o El crédito por aportaciones a cuentas de ahorros para la jubilación.
   o El crédito por ingreso del trabajo.
   o El crédito tributario "hacer que el trabajo pague".
7. No tuvo un ajuste al impuesto mínimo alternativo sobre acciones que adquirió al ejercer una opción de compra de acciones con incentivo.

Debe cumplir todos los requisitos mencionados anteriormente para usar el Formulario 1040A. De lo contrario, tiene que usar el Formulario 1040.

A continuación un ejemplo de una planilla 1040A:

Form **1040A**	Department of the Treasury—Internal Revenue Service **U.S. Individual Income Tax Return** (99)	2012	IRS Use Only—Do not write or staple in this space.

OMB No. 1545-0074

Your first name and initial	Last name	Your social security number

If a joint return, spouse's first name and initial	Last name	Spouse's social security number

Home address (number and street). If you have a P.O. box, see instructions.	Apt. no.	▲ Make sure the SSN(s) above and on line 6c are correct.

City, town or post office, state, and ZIP code. If you have a foreign address, also complete spaces below (see instructions).

Foreign country name	Foreign province/state/county	Foreign postal code

Presidential Election Campaign
Check here if you, or your spouse if filing jointly, want $3 to go to this fund. Checking a box below will not change your tax or refund. ☐ You ☐ Spouse

Filing status
Check only one box.

1 ☐ Single
2 ☐ Married filing jointly (even if only one had income)
3 ☐ Married filing separately. Enter spouse's SSN above and full name here. ▶
4 ☐ Head of household (with qualifying person). (See instructions.) If the qualifying person is a child but not your dependent, enter this child's name here. ▶
5 ☐ Qualifying widow(er) with dependent child (see instructions)

Exemptions

If more than six dependents, see instructions.

6a ☐ **Yourself.** If someone can claim you as a dependent, **do not check** box 6a.
b ☐ **Spouse**

c **Dependents:** (1) First name Last name	(2) Dependent's social security number	(3) Dependent's relationship to you	(4) ✓ if child under age 17 qualifying for child tax credit (see instructions)
			☐
			☐
			☐
			☐
			☐
			☐

Boxes checked on 6a and 6b
No. of children on 6c who:
• lived with you
• did not live with you due to divorce or separation (see instructions)
Dependents on 6c not entered above
Add numbers on lines above ▶

d Total number of exemptions claimed.

Income

Attach Form(s) W-2 here. Also attach Form(s) 1099-R if tax was withheld.

If you did not get a W-2, see instructions.

Enclose, but do not attach, any payment. Also, please use Form 1040-V.

7	Wages, salaries, tips, etc. Attach Form(s) W-2.		7	
8a	**Taxable** interest. Attach Schedule B if required.		8a	
b	**Tax-exempt** interest. **Do not** include on line 8a.	8b		
9a	Ordinary dividends. Attach Schedule B if required.		9a	
b	Qualified dividends (see instructions).	9b		
10	Capital gain distributions (see instructions).		10	
11a	IRA distributions.	11a	**11b** Taxable amount (see instructions).	11b
12a	Pensions and annuities.	12a	**12b** Taxable amount (see instructions).	12b
13	Unemployment compensation and Alaska Permanent Fund dividends.		13	
14a	Social security benefits.	14a	**14b** Taxable amount (see instructions).	14b
15	Add lines 7 through 14b (far right column). This is your **total income.** ▶		15	

Adjusted gross income

16	Reserved.	16	
17	IRA deduction (see instructions).	17	
18	Student loan interest deduction (see instructions).	18	
19	Reserved.	19	
20	Add lines 16 through 19. These are your **total adjustments.**		20
21	Subtract line 20 from line 15. This is your **adjusted gross income.** ▶		21

For Disclosure, Privacy Act, and Paperwork Reduction Act Notice, see separate instructions. Cat. No. 11327A   Form **1040A** (2012)

Form 1040A (2012)   Page 2

Tax, credits, and payments

22	Enter the amount from line 21 (adjusted gross income).	22
23a	Check if: ☐ You were born before January 2, 1948, ☐ Blind ☐ Spouse was born before January 2, 1948, ☐ Blind } Total boxes checked ▶ 23a	
b	If you are married filing separately and your spouse itemizes deductions, check here ▶ 23b ☐	

Standard Deduction for—
- People who check any box on line 23a or 23b or who can be claimed as a dependent, see instructions.
- All others:

Single or Married filing separately, $5,950

Married filing jointly or Qualifying widow(er), $11,900

Head of household, $8,700

24	Enter your **standard deduction**.	24
25	Subtract line 24 from line 22. If line 24 is more than line 22, enter -0-.	25
26	**Exemptions.** Multiply $3,800 by the number on line 6d.	26
27	Subtract line 26 from line 25. If line 26 is more than line 25, enter -0-. This is your **taxable income**. ▶	27
28	**Tax,** including any alternative minimum tax (see instructions).	28
29	Credit for child and dependent care expenses. Attach Form 2441. 29	
30	Credit for the elderly or the disabled. Attach Schedule R. 30	
31	Education credits from Form 8863, line 19. 31	
32	Retirement savings contributions credit. Attach Form 8880. 32	
33	Child tax credit. Attach Schedule 8812, if required. 33	
34	Add lines 29 through 33. These are your **total credits**.	34
35	Subtract line 34 from line 28. If line 34 is more than line 28, enter -0-. This is your **total tax.**	35
36	Federal income tax withheld from Forms W-2 and 1099. 36	
37	2012 estimated tax payments and amount applied from 2011 return. 37	
38a	**Earned income credit (EIC).** 38a	
b	Nontaxable combat pay election. 38b	
39	Additional child tax credit. Attach Schedule 8812. 39	
40	American opportunity credit from Form 8863, line 8. 40	
41	Add lines 36, 37, 38a, 39, and 40. These are your **total payments.** ▶	41

If you have a qualifying child, attach Schedule EIC.

Refund

Direct deposit? See instructions and fill in 43b, 43c, and 43d or Form 8888.

42	If line 41 is more than line 35, subtract line 35 from line 41. This is the amount you **overpaid.**	42
43a	Amount of line 42 you want **refunded to you.** If Form 8888 is attached, check here ▶ ☐	43a
▶ b	Routing number ☐☐☐☐☐☐☐☐☐ ▶ c Type: ☐ Checking ☐ Savings	
▶ d	Account number ☐☐☐☐☐☐☐☐☐☐☐☐☐☐☐☐☐	
44	Amount of line 42 you want **applied to your 2013 estimated tax.** 44	

Amount you owe

45	**Amount you owe.** Subtract line 41 from line 35. For details on how to pay, see instructions. ▶	45
46	Estimated tax penalty (see instructions). 46	

Third party designee

Do you want to allow another person to discuss this return with the IRS (see instructions)? ☐ Yes. Complete the following. ☐ No

Designee's name ▶   Phone no. ▶   Personal identification number (PIN) ▶ ☐☐☐☐☐

Sign here

Joint return? See instructions. Keep a copy for your records.

Under penalties of perjury, I declare that I have examined this return and accompanying schedules and statements, and to the best of my knowledge and belief, they are true, correct, and accurately list all amounts and sources of income I received during the tax year. Declaration of preparer (other than the taxpayer) is based on all information of which the preparer has any knowledge.

Your signature	Date	Your occupation	Daytime phone number
Spouse's signature. If a joint return, both must sign.	Date	Spouse's occupation	If the IRS sent you an Identity Protection PIN, enter it here (see inst.) ☐☐☐☐☐☐

Paid preparer use only

Print/type preparer's name	Preparer's signature	Date	Check ▶ ☐ if self-employed	PTIN
Firm's name ▶			Firm's EIN ▶	
Firm's address ▶			Phone no.	

Form **1040A** (2012)

Sección del Encasillado De Estado Civil (Filing Status) – Líneas 1 A La 5

Filing status	1 ☐ Single	4 ☐ Head of household (with qualifying person). (See Instructions.)
Check only one box.	2 ☐ Married filing jointly (even if only one had income)	If the qualifying person is a child but not your dependent,
	3 ☐ Married filing separately. Enter spouse's SSN above and full name here. ►	enter this child's name here. ►
		5 ☐ Qualifying widow(er) with dependent child (see instructions)

- **Línea 1 a la 5** – En estas líneas debe indicar su estatus civil.
  - Línea 1 – Soltero (single)
  - Línea 2 –Casados rindiendo juntos (married filing jointly)
  - Línea 3 – Casados rindiendo separados (married filing separately)
  - Jefe de familia (head of household)
  - Viuda(o) cualificada

Sección de Exenciones (Exemptions) – Líneas 6a, 6b, 6c, 6d.

Exemptions	6a ☐ Yourself. If someone can claim you as a dependent, **do not** check box 6a.				Boxes checked on 6a and 6b
	b ☐ Spouse				No. of children on 6c who:
	c Dependents:	(2) Dependent's social security number	(3) Dependent's relationship to you	(4) ✔ if child under age 17 qualifying for child tax credit (see instructions)	• lived with you
If more than six dependents, see instructions.	(1) First name Last name				• did not live with you due to divorce or separation (see instructions)
				☐	
				☐	
				☐	Dependents on 6c not entered above
				☐	
				☐	Add numbers on lines above ►
	d Total number of exemptions claimed.				

- **Línea 6 a y b** – En esta línea debe marcar los encasillados correspondientes. Si usted es soltero marque el encasillado "yourself". Si es casado rindiendo juntos marque también el encasillado "spouse". **Si usted es reclamado como dependiente por otro contribuyente NO marque ninguno de los encasillados.**
- **Línea 6 c** – En esta línea debe usted entrar el nombre y apellido (6c1) de cada uno de los dependientes que usted reclama en su planilla. En adición al nombre y apellido usted debe indicar el seguro social (6c2); la relación con el dependiente (6c3); y si el dependiente es menor de 17 años (6c4).

Sección de Ingresos (Income) – Líneas 7 A La 15

Income				
	7	Wages, salaries, tips, etc. Attach Form(s) W-2.		7
Attach Form(s) W-2 here. Also attach Form(s) 1099-R if tax was withheld.	8a	**Taxable** interest. Attach Schedule B if required.		8a
	b	**Tax-exempt** interest. **Do not** include on line 8a.	8b	
	9a	Ordinary dividends. Attach Schedule B if required.		9a
	b	Qualified dividends (see instructions).	9b	
	10	Capital gain distributions (see instructions).		10
If you did not get a W-2, see instructions.	11a	IRA distributions. 11a	11b Taxable amount (see instructions).	11b
	12a	Pensions and annuities. 12a	12b Taxable amount (see instructions).	12b
Enclose, but do not attach, any payment. Also, please use Form 1040-V.	13	Unemployment compensation and Alaska Permanent Fund dividends.		13
	14a	Social security benefits. 14a	14b Taxable amount (see instructions).	14b
	15	Add lines 7 through 14b (far right column). This is your **total income.** ▶		15

- **Línea 7** - En esta línea debe incluir sus ingresos de salarios, sueldos, bonificaciones y propinas de su formulario W-2. Pero también deben incluirse los siguientes tipos de ingresos en el total de la línea 7.
  - Salarios recibidos como empleado a domicilio para el cual usted no ha recibido un formulario W-2 porque su empleador le pagó menos de $1.700 en 2012. Además, debe escribir "HSH" y la cantidad no informada en su formulario W-2 en el espacio a la izquierda de la línea 7.
  - Ingresos de propina que no informo a su empleador.
  - Beneficios por de cuidado de dependientes. Estos deben figurar en la casilla 10 de sus formularios W-2. Pero primero debe completar el formulario 2441 para ver si puede excluir parte o la totalidad de los beneficios.
  - Becas y subvenciones de matricula no informados en la forma W-2. Además, debe introducir "SCH" y la cantidad en el espacio a la izquierda de la línea 7.
  - Pensiones de incapacidad del formulario 1099-R si usted no han alcanzado la edad de jubilación mínima establecida por su empleador.

- **Línea 8a** - Cada contribuyente debe recibir un formulario 1099-INT o formulario 1099-OID. Con la cantidad de intereses devengados. Introduzca su ingreso total de interés tributable en línea la 8a. Pero deberá llenar y adjuntar el **"Schedule B"** si el total es más de $1.500.

- **Línea 8b** - Si recibe cualquier interés **No Tributables**, como intereses de bonos municipales, cada pagador debe enviarle un formulario **1099-INT**. Los intereses **NO Tributables** deben incluirse en la casilla 8 del formulario **1099-INT**. Entre el total de los intereses **No Tributables** en línea 8b. No incluya los intereses devengados en su IRA, cuenta de ahorros de salud, Archer o Medicare Advantage MSA o cuenta de ahorros Coverdell educación.

- **Línea 9a** - Cada contribuyente debe recibir un formulario **1099-DIV**. Detallando los el total de dividendos ordinarios recibidos. Ingrese esta cantidad en la línea 9a. Esta cantidad debe mostrarse en el cuadro 1a de formularios **1099-DIV**. Pero deberá llenar y adjuntar el **"Schedule B"** si el total es más de $1.500.

- **Línea 9b – Entre el** total de dividendos calificados en línea 9b. Los Dividendos calificados son elegibles para una tasa de impuestos más baja que otros ingresos ordinarios. Generalmente, estos dividendos se muestran en el cuadro 1b de formularios **1099-DIV**. Ver la Pub. 550 para la definición de dividendos calificados.

- **Línea 10 – Entre el** total de ganancia capital incluido en el encasillado (box) 2b, 2c y 2d del formulario **1099-DIV**.

- **Línea 11a –**Distribuciones de sus cuentas **IRAS** Usted debe recibir un formulario 1099-R si recibió distribuciones de cuenta **IRA**. Entre en la línea 11ª la cantidad del encasillado (box 1) del formulario **1099R** de su **IRA**.

- **Línea 11b –**Entre en la línea 11b la cantidad tributable de la distribución recibida.

- **Línea 12a –**Distribuciones de sus pensiones. Usted debe recibir un formulario 1099-R si recibió pensiones. Entre en la línea 11ª la cantidad del encasillado (box 1) del formulario **1099R** de su **pensión.**

- **Línea 12b –**Entre en la línea 11b la cantidad tributable de la pensión recibida.

- **Línea 13** - Si ha recibido beneficios de desempleo, el estado le enviará la forma 1099-G que incluye el total pagado por desempleo. En esta línea debe incluir sus ingresos de pagos recibidos por desempleo.

- **Línea 14a** – Si ha recibido beneficios de **Seguro Social**, el Seguro Social le enviará la forma **SSA-1099** que incluye el total pagado por seguro social. En esta línea debe incluir sus ingresos de pagos recibidos por seguro social.

- **Línea 14b** – Si parte de sus ingresos de seguro social son tributables incluya la cantidad tributable en la línea 14B.

- **Línea 15** – Sume las cantidades de las líneas 7 a la 14 y entre el total en la línea 15.

Sección de Ajustes al Ingreso (Adjusted gross income) – Líneas 16 A La 21

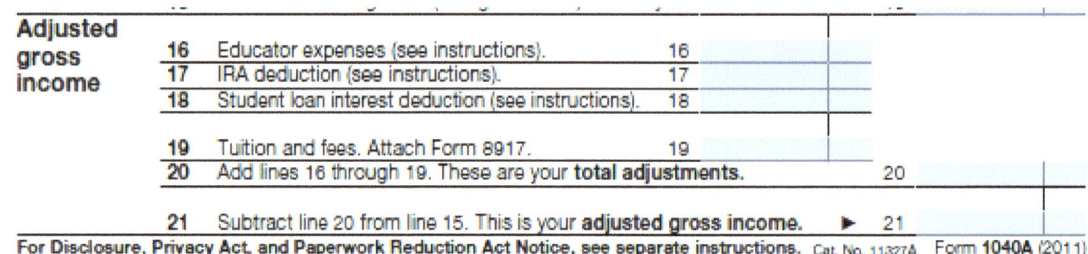

Adjusted gross income	16	Educator expenses (see instructions).	16		
	17	IRA deduction (see instructions).	17		
	18	Student loan interest deduction (see instructions).	18		
	19	Tuition and fees. Attach Form 8917.	19		
	20	Add lines 16 through 19. These are your **total adjustments**.		20	
	21	Subtract line 20 from line 15. This is your **adjusted gross income**. ▶		21	

For Disclosure, Privacy Act, and Paperwork Reduction Act Notice, see separate instructions. Cat. No. 11327A   Form 1040A (2011)

- **Línea 16** – Si usted fue un educador elegible en 2012, pueden deducir en línea 16 hasta $250 de gastos calificados que has pagado en 2012. Si usted y su cónyuge son presentar conjuntamente y ambos fueron elegibles educadores, la deducción máxima es de $500. Sin embargo, ninguno de los dos cónyuges pueden deducir más de $250 de sus gastos calificados en línea 16.
- **Línea 17** – En esta línea debe incluir sus contribuciones a un IRA tradicional para el 2012.
- **Línea 18** – En esta línea debe incluir en los pagos de intereses de un préstamo estudiantil.
- **Línea 19** – En esta línea debe incluir los pagos de matrícula calificado para usted, su cónyuge o sus dependientes. Ver formulario 8917.
- **Línea 20** – Sume las cantidades de las líneas 16 a la 19 e incluya el total en esta línea.
- **Línea 21** – Reste la cantidad de las línea 20 a la cantidad de la linea15 e incluya el resultado en esta línea. La línea 21 es el Total de **Su Ingreso Bruto Ajustado.**

Sección de Contribución, Créditos y Pagos – Líneas 22 A La 41

Form 1040A (2012)			Page 2
Tax, credits, and payments	22	Enter the amount from line 21 (adjusted gross income).	22
	23a	Check if: ☐ You were born before January 2, 1948, ☐ Blind } Total boxes ☐ Spouse was born before January 2, 1948, ☐ Blind } checked ► 23a	
	b	If you are married filing separately and your spouse itemizes deductions, check here ► 23b ☐	
Standard Deduction for—	24	Enter your **standard deduction**.	24
• People who check any box on line 23a or 23b or who can be claimed as a dependent, see instructions.	25	Subtract line 24 from line 22. If line 24 is more than line 22, enter -0-.	25
	26	**Exemptions.** Multiply $3,800 by the number on line 6d.	26
	27	Subtract line 26 from line 25. If line 26 is more than line 25, enter -0-. This is your **taxable income**. ► 27	27
• All others: Single or Married filing separately, $5,950 Married filing jointly or Qualifying widow(er), $11,900 Head of household, $8,700	28	**Tax,** including any alternative minimum tax (see instructions).	28
	29	Credit for child and dependent care expenses. Attach Form 2441. 29	
	30	Credit for the elderly or the disabled. Attach Schedule R. 30	
	31	Education credits from Form 8863, line 19. 31	
	32	Retirement savings contributions credit. Attach Form 8880. 32	
	33	Child tax credit. Attach Schedule 8812, if required. 33	
	34	Add lines 29 through 33. These are your **total credits**.	34
	35	Subtract line 34 from line 28. If line 34 is more than line 28, enter -0-. This is your **total tax**.	35
	36	Federal income tax withheld from Forms W-2 and 1099. 36	
If you have a qualifying child, attach Schedule EIC.	37	2012 estimated tax payments and amount applied from 2011 return. 37	
	38a	**Earned income credit (EIC).** 38a	
	b	Nontaxable combat pay election. 38b	
	39	Additional child tax credit. Attach Schedule 8812. 39	
	40	American opportunity credit from Form 8863, line 8. 40	
	41	Add lines 36, 37, 38a, 39, and 40. These are your **total payments**. ► 41	

- **Línea 22** – En esta línea debe incluir la cantidad de la **línea 21**.
- **Línea 23a** – Marque los encasillados correspondiente a si usted y o su esposa nacieron antes del 2 de enero del 1947 y/o si son ciegos. Incluya el total de los encasillados marcados en el encasillado a la derecha.
- **Línea 23a** – Marque este encasillado si usted es casado rindiendo planilla separados y alguno de los conyugues va a detallar sus deducciones.
- **Línea 24** – Entre su deducción estándar en esta línea. Su deducción estándar es:
  - Soltero o casado rindiendo separado $5,800
  - Casado rindiendo juntos $11,600
  - Jefe de familia $ 8,500

  Nota si usted marco los encasillados 23ª su deducción estándar es mayor.

- **Línea 25** – Reste la cantidad de las línea 22 a la cantidad de la línea 24. Si la cantidad es negativa entre 0 en la línea 25.
- **Línea 26** – **Exenciones** En esta línea usted va a determinar su reducción por las exenciones. Las exenciones se determinan basado en los números contribuyentes y dependientes que usted indicara en el encasillado 6D de la línea 6. Multiplique su número de exenciones por **$3,700** e incluya el total en la línea 26.
- **Línea 27** – Reste la cantidad de las línea 26 a la cantidad de la línea 25. Si la cantidad es negativa entre 0 en la línea 27. **Este es su ingreso sujeto a contribución.**

- **Línea 28** – Determine su contribución basado en la cantidad de la línea 26. Utilice el anejo 1 para determinar su contribución.
- **Línea 29** – **Crédito por Cuido de Niños Dependientes.** Si usted tiene que pagar por cuido de sus Niños dependientes para poder trabajar llene el **formulario 2441** para determinar el crédito a incluir en la línea 29.
- **Línea 30** – **Crédito para ancianos o incapacitados.** Si usted o su esposa tiene 65 años o más o si son incapacitados podría tener derecho a este crédito. Debe llenar el anejo R para computar el crédito.
- **Línea 31** – **Crédito de la Oportunidad Americana y o educación.** Si usted, su conyugue o alguno de sus dependientes tuvo gastos de educación superior en el 2012, podría tener derecho a este crédito. Si usted califica para este crédito debe llenar el formulario 8863.
- **Línea 32** – **Crédito por el ahorro.** Si usted ha aportado a algún plan de pensión o una IRA usted puede que califique para el crédito del ahorro. Para aplicar a este crédito debe llenar el formulario 8880.
- **Línea 33** – **Crédito por Hijos.** El crédito tributario por hijos es un crédito que puede reducir su impuesto hasta en $1,000 por cada uno de sus hijos calificados. Su hijo debe ser menor de 17 años.
- **Línea 34** – Sume las líneas 29 a la 33 para determinar su total de créditos. Entre el total en la línea 34.
- **Línea 35** – Reste la línea 34 de la línea 28. Si la línea 34 es mayor que la línea 28 entre 0 en la línea 35. El total de la línea 35 es su total de contribuciones.
- **Línea 36** – En la línea 36 entre la cantidad de contribución que fue retenida por su patrono. Esta cantidad la encuentra en el encasillado 2 de su W-2 y o 1099.
- **Línea 37** – En la línea 37 entre cualquier cantidad enviada como pago de contribución estimada para el 2012 o si hubo un sobrante del 2010 que usted pidió se aplicara a su contribución del 2012.
- **Línea 38a** – En esta línea debe incluir el crédito por ingreso trabajado (**EIC**) si alguno.
- **Línea 38b** – En esta línea incluye cualquier cantidad reclamada como exenta por el personal militar en áreas de combate.
- **Línea 39** – Anote aquí la cantidad de su crédito adicional por hijos. Para este crédito usted debe llenar el formulario 8812.
- **Línea 40** – cantidad reembolsable del Crédito e la Oportunidad Americana. **American Opportunity Act.** Esta cantidad está en la línea 14 de su **formulario 8863**. compute su contribución basado en las tablas contributivas (véase anejo 1) y entre la cantidad en esta línea.
- **Línea 41** – Sume las líneas 36, 37, 38ª y 39 y entre el total en la línea 41. Este es su total de pagos hechos a su contribución.

Sección de Reembolso (Refund) – Líneas 42 A La 44

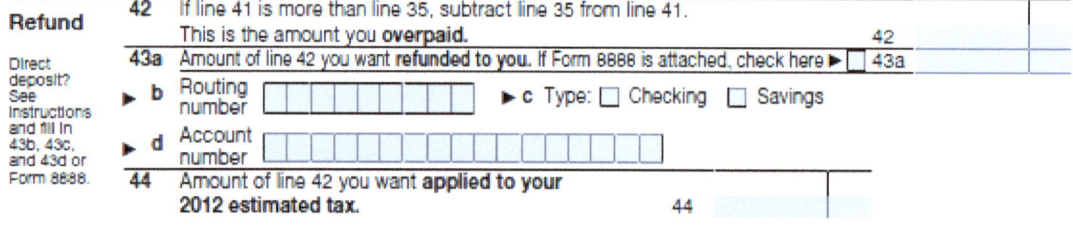

- **Línea 42 -** Si la línea 41 es mayor que la línea 35 usted tiene derecho a un reembolso sobre la cantidad pagada de más. Anote esta diferencia en la línea 42.
- **Línea 43 a – A**note en esta línea la cantidad de su pago en exceso que usted quiere que el gobierno le reembolse.
- **Línea 43 b, c y d –** Si desea que su reembolso sea depositado directamente a su cuenta de banco (Mas Rápido) entre la ruta de banco, tipo de cuenta, y número de cuenta en estas líneas. De no entrar esta información entonces el Departamento del Tesoro de EU le enviara un cheque a la dirección indicada en el encabezamiento de su planilla.
- **Línea 44 –** Anote en esta línea la cantidad de su pago en exceso que usted quiere utilizar como pago estimado para su planilla del 2012.

Sección de Deuda Contributiva (amount you owe) – Líneas 45 y 46

Amount you owe	45	Amount you owe. Subtract line 41 from line 35. For details on how to pay, see instructions.	►	45	
	46	Estimated tax penalty (see instructions).	46		

- **Línea 45 –** Reste la línea 41 de la línea 35 y anote en esta línea la cantidad. Este es la cantidad que usted debe de contribución para el año 2012.
- **Línea 46 –** Si la cantidad de la línea 45 es mayor de $1,000 es posible que usted tenga una penalidad por no haber pagado su contribución a tiempo. Use el formulario 2210 para calcular la penalidad e incluirla en la línea 46.

La última sección de su planilla usted indicara si quiere que alguna persona lo represente, su juramentación y firma, e información sobre el preparador de la planilla.

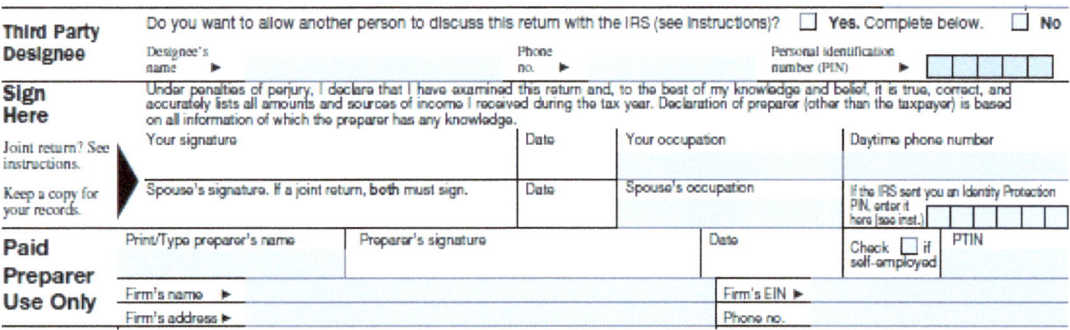

a) En la sección de **"Third Party Designee"** marque el encasillado de "yes" (Si) o "No" (No) si quiere nombrar un representante. Si su contestación es afirmativa debe incluir el nombre, teléfono y Número de identificación de su representante.

b) En la sección de **"Sign here"** debe usted y su conyugue firmar la planilla. **Recuerde que mediante su firmar está usted certificando que la información suministrada en su planilla es correcta. Someter información falsa en su planilla estará sujeto a penalidades de perjurio y multas onerosas.**

En la sección de "Paid Preparer Only" asegúrese que si usted pago por la preparación de la planilla el preparador debe firmar la planilla e incluir sus datos de preparador. Los preparadores de planilla son regulados por el IRS y deben tener un número de practicante.

LA PLANILLA 1040

El Formulario 1040 es la forma más completa y compleja para llenar. Debe utilizar el formulario 1040 si no califica para los formularios 1040Ez y 1040A.

A continuación un ejemplo de una planilla 1040:

Form 1040 Department of the Treasury—Internal Revenue Service (99)
U.S. Individual Income Tax Return **2012** OMB No. 1545-0074 | IRS Use Only—Do not write or staple in this space.

For the year Jan. 1–Dec. 31, 2012, or other tax year beginning _____ , 2012, ending _____ , 20 ____ | See separate instructions.

Your first name and initial	Last name		Your social security number

If a joint return, spouse's first name and initial	Last name		Spouse's social security number

Home address (number and street). If you have a P.O. box, see instructions.	Apt. no.	▲ Make sure the SSN(s) above and on line 6c are correct.

City, town or post office, state, and ZIP code. If you have a foreign address, also complete spaces below (see instructions).

Presidential Election Campaign
Check here if you, or your spouse if filing jointly, want $3 to go to this fund. Checking a box below will not change your tax or refund. ☐ You ☐ Spouse

Foreign country name	Foreign province/state/county	Foreign postal code

Filing Status

Check only one box.

1 ☐ Single
2 ☐ Married filing jointly (even if only one had income)
3 ☐ Married filing separately. Enter spouse's SSN above and full name here. ▶
4 ☐ Head of household (with qualifying person). (See instructions.) If the qualifying person is a child but not your dependent, enter this child's name here. ▶
5 ☐ Qualifying widow(er) with dependent child

Exemptions

6a ☐ Yourself. If someone can claim you as a dependent, do not check box 6a . . . . .
b ☐ Spouse . . . .

Boxes checked on 6a and 6b _____

c Dependents:

(1) First name Last name	(2) Dependent's social security number	(3) Dependent's relationship to you	(4) ✓ If child under age 17 qualifying for child tax credit (see instructions)
			☐
			☐
			☐
			☐

If more than four dependents, see instructions and check here ▶ ☐

No. of children on 6c who:
• lived with you _____
• did not live with you due to divorce or separation (see instructions) _____
Dependents on 6c not entered above _____

d Total number of exemptions claimed . . . .

Add numbers on lines above ▶ _____

Income

Attach Form(s) W-2 here. Also attach Forms W-2G and 1099-R if tax was withheld.

If you did not get a W-2, see instructions.

Enclose, but do not attach, any payment. Also, please use Form 1040-V.

7	Wages, salaries, tips, etc. Attach Form(s) W-2	7	
8a	Taxable interest. Attach Schedule B if required	8a	
b	Tax-exempt interest. Do not include on line 8a . . .	8b			
9a	Ordinary dividends. Attach Schedule B if required	9a	
b	Qualified dividends . . .	9b			
10	Taxable refunds, credits, or offsets of state and local income taxes	10	
11	Alimony received	11	
12	Business income or (loss). Attach Schedule C or C-EZ	12	
13	Capital gain or (loss). Attach Schedule D if required. If not required, check here ▶ ☐	13	
14	Other gains or (losses). Attach Form 4797	14	
15a	IRA distributions .	15a		b Taxable amount . . .	15b	
16a	Pensions and annuities	16a		b Taxable amount . . .	16b	
17	Rental real estate, royalties, partnerships, S corporations, trusts, etc. Attach Schedule E	17	
18	Farm income or (loss). Attach Schedule F	18	
19	Unemployment compensation	19	
20a	Social security benefits	20a		b Taxable amount . . .	20b	
21	Other income. List type and amount	21	
22	Combine the amounts in the far right column for lines 7 through 21. This is your total income ▶	22	

Adjusted Gross Income

23	Reserved	23		
24	Certain business expenses of reservists, performing artists, and fee-basis government officials. Attach Form 2106 or 2106-EZ	24		
25	Health savings account deduction. Attach Form 8889 .	25		
26	Moving expenses. Attach Form 3903	26		
27	Deductible part of self-employment tax. Attach Schedule SE .	27		
28	Self-employed SEP, SIMPLE, and qualified plans . .	28		
29	Self-employed health insurance deduction	29		
30	Penalty on early withdrawal of savings	30		
31a	Alimony paid b Recipient's SSN ▶	31a		
32	IRA deduction	32		
33	Student loan interest deduction	33		
34	Reserved	34		
35	Domestic production activities deduction. Attach Form 8903	35		
36	Add lines 23 through 35	36	
37	Subtract line 36 from line 22. This is your adjusted gross income . . . . . ▶	37	

For Disclosure, Privacy Act, and Paperwork Reduction Act Notice, see separate instructions.   Cat. No. 11320B   Form **1040** (2012)

Form 1040 (2012)   Page **2**

Tax and Credits	38	Amount from line 37 (adjusted gross income)	38	
	39a	Check if: ☐ You were born before January 2, 1948, ☐ Blind. ☐ Spouse was born before January 2, 1948, ☐ Blind. } Total boxes checked ► 39a ☐		
Standard Deduction for—	b	If your spouse itemizes on a separate return or you were a dual-status alien, check here ► 39b ☐		
• People who check any box on line 39a or 39b or who can be claimed as a dependent, see instructions.	40	Itemized deductions (from Schedule A) or your standard deduction (see left margin) . .	40	
	41	Subtract line 40 from line 38	41	
	42	Exemptions. Multiply $3,800 by the number on line 6d.	42	
	43	**Taxable income.** Subtract line 42 from line 41. If line 42 is more than line 41, enter -0- . .	43	
• All others:	44	Tax (see instructions). Check if any from: a ☐ Form(s) 8814 b ☐ Form 4972 c ☐ 962 election	44	
Single or Married filing separately, $5,950	45	Alternative minimum tax (see instructions). Attach Form 6251 . . .	45	
	46	Add lines 44 and 45 . . . . ►	46	
Married filing jointly or Qualifying widow(er), $11,900	47	Foreign tax credit. Attach Form 1116 if required . . .	47		
	48	Credit for child and dependent care expenses. Attach Form 2441	48		
Head of household, $8,700	49	Education credits from Form 8863, line 19	49		
	50	Retirement savings contributions credit. Attach Form 8880	50		
	51	Child tax credit. Attach Schedule 8812, if required. . .	51		
	52	Residential energy credit. Attach Form 5695	52		
	53	Other credits from Form: a ☐ 3800 b ☐ 8801 c ☐	53		
	54	Add lines 47 through 53. These are your total credits	54	
	55	Subtract line 54 from line 46. If line 54 is more than line 46, enter -0- . . . . . ►	55	
Other Taxes	56	Self-employment tax. Attach Schedule SE	56	
	57	Unreported social security and Medicare tax from Form: a ☐ 4137 b ☐ 8919 . .	57	
	58	Additional tax on IRAs, other qualified retirement plans, etc. Attach Form 5329 if required . .	58	
	59a	Household employment taxes from Schedule H	59a	
	b	First-time homebuyer credit repayment. Attach Form 5405 if required	59b	
	60	Other taxes. Enter code(s) from instructions	60	
	61	Add lines 55 through 60. This is your total tax . . . . ►	61	
Payments	62	Federal income tax withheld from Forms W-2 and 1099	62		
	63	2012 estimated tax payments and amount applied from 2011 return	63		
If you have a qualifying child, attach Schedule EIC.	64a	Earned income credit (EIC)	64a		
	b	Nontaxable combat pay election	64b			
	65	Additional child tax credit. Attach Schedule 8812	65		
	66	American opportunity credit from Form 8863, line 8	66		
	67	Reserved	67		
	68	Amount paid with request for extension to file	68		
	69	Excess social security and tier 1 RRTA tax withheld	69		
	70	Credit for federal tax on fuels. Attach Form 4136	70		
	71	Credits from Form: a ☐ 2439 b ☐ Reserved c ☐ 8801 d ☐ 8885	71		
	72	Add lines 62, 63, 64a, and 65 through 71. These are your total payments . . . . . ►	72	
Refund	73	If line 72 is more than line 61, subtract line 61 from line 72. This is the amount you overpaid	73	
	74a	Amount of line 73 you want refunded to you. If Form 8888 is attached, check here . ► ☐	74a	
Direct deposit? See instructions.	► b	Routing number ||||||||| ► c Type: ☐ Checking ☐ Savings		
	► d	Account number |||||||||		
	75	Amount of line 73 you want applied to your 2013 estimated tax ►	75	
Amount You Owe	76	Amount you owe. Subtract line 72 from line 61. For details on how to pay, see instructions ►	76	
	77	Estimated tax penalty (see instructions)	77	

Third Party Designee	Do you want to allow another person to discuss this return with the IRS (see instructions)? ☐ Yes. Complete below. ☐ No
	Designee's name ► Phone no. ► Personal identification number (PIN) ► |||||

Sign Here	Under penalties of perjury, I declare that I have examined this return and accompanying schedules and statements, and to the best of my knowledge and belief, they are true, correct, and complete. Declaration of preparer (other than taxpayer) is based on all information of which preparer has any knowledge.		
Joint return? See instructions.	Your signature	Date	Your occupation	Daytime phone number
Keep a copy for your records.	Spouse's signature. If a joint return, both must sign.	Date	Spouse's occupation	If the IRS sent you an Identity Protection PIN, enter it here (see inst.)

Paid Preparer Use Only	Print/Type preparer's name	Preparer's signature	Date	Check ☐ if self-employed	PTIN
	Firm's name ►			Firm's EIN ►	
	Firm's address ►			Phone no.	

Form **1040** (2012)

Sección de Estado Civil (Filing Status) – Líneas 1 A La 5

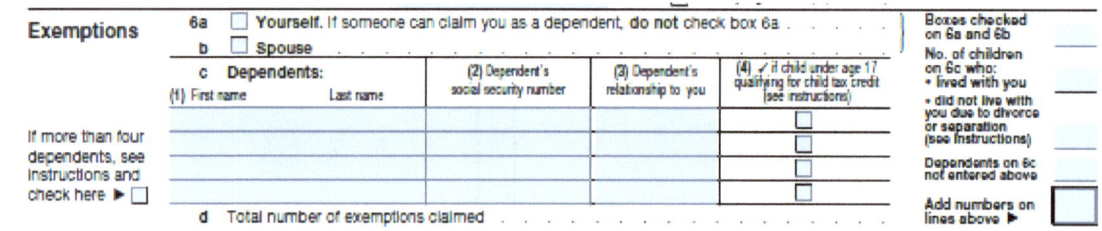

- **Línea 1 a la 5** – En estas líneas debe indicar su estatus civil.
  - Línea 1 – Soltero (single)
  - Línea 2 –Casados rindiendo juntos (married filing jointly)
  - Línea 3 – Casados rindiendo separados (married filing separately)
  - Jefe de familia (head of household)
  - Viuda(o) cualificada

Sección de Exenciones (Exemptions)– Líneas 6a A La 6c

Exemptions	6a	☐ Yourself. If someone can claim you as a dependent, do not check box 6a				Boxes checked on 6a and 6b	
	b	☐ Spouse				No. of children on 6c who:	
	c	Dependents:	(2) Dependent's social security number	(3) Dependent's relationship to you	(4) ✓ if child under age 17 qualifying for child tax credit (see instructions)	• lived with you	
	(1) First name Last name				☐	• did not live with you due to divorce or separation (see instructions)	
If more than four dependents, see instructions and check here ► ☐					☐		
					☐	Dependents on 6c not entered above	
					☐		
	d	Total number of exemptions claimed				Add numbers on lines above ►	

- **Línea 6 a y b** – En esta línea debe marcar los encasillados correspondientes. Si usted es soltero marque el encasillado "yourself". Si es casado rindiendo juntos marque también el encasillado "spouse". **Si usted es reclamado como dependiente por otro contribuyente NO marque ninguno de los encasillados.**
- **Línea 6 c** – En esta línea debe usted entrar el nombre y apellido (6c1) de cada uno de los dependientes que usted reclama en su planilla. En adición al nombre y apellido usted debe indicar el seguro social (6c2); la relación con el dependiente (6c3); y si el dependiente es menor de 17 años (6c4).

Sección de Ingresos (Income) – Líneas 7 A La 22

Income	7	Wages, salaries, tips, etc. Attach Form(s) W-2	7	
	8a	Taxable interest. Attach Schedule B if required	8a	
Attach Form(s)	b	Tax-exempt interest. Do not include on line 8a . . .	8b	
W-2 here. Also	9a	Ordinary dividends. Attach Schedule B if required	9a	
attach Forms	b	Qualified dividends	9b	
W-2G and	10	Taxable refunds, credits, or offsets of state and local income taxes	10	
1099-R if tax	11	Alimony received	11	
was withheld.	12	Business income or (loss). Attach Schedule C or C-EZ	12	
	13	Capital gain or (loss). Attach Schedule D if required. If not required, check here ▶ ☐	13	
If you did not	14	Other gains or (losses). Attach Form 4797	14	
get a W-2,	15a	IRA distributions . 15a	b Taxable amount	15b	
see Instructions.	16a	Pensions and annuities 16a	b Taxable amount	16b	
	17	Rental real estate, royalties, partnerships, S corporations, trusts, etc. Attach Schedule E	17	
Enclose, but do	18	Farm income or (loss). Attach Schedule F	18	
not attach, any	19	Unemployment compensation	19	
payment. Also,	20a	Social security benefits 20a	b Taxable amount	20b	
please use	21	Other income. List type and amount	21	
Form 1040-V.	22	Combine the amounts in the far right column for lines 7 through 21. This is your total income ▶	22	

- **Línea 7** - En esta línea debe incluir sus ingresos de salarios, sueldos, bonificaciones y propinas de su formulario W-2. Pero también deben incluirse los siguientes tipos de ingresos en el total de la línea 7.

    o Salarios recibidos como empleado a domicilio para el cual usted no ha recibido un formulario W-2 porque su empleador le pagó menos de $1.700 en 2012. Además, debe escribir "HSH" y la cantidad no informada en su formulario W-2 en el espacio a la izquierda de la línea 7.
    o Ingresos de propina que no informo a su empleador.
    o Beneficios por de cuidado de dependientes. Estos deben figurar en la casilla 10 de sus formularios W-2. Pero primero debe completar el formulario 2441 para ver si puede excluir parte o la totalidad de los beneficios.
    o Becas y subvenciones de matrícula no informados en la forma W-2. Además, introducir "SCH" y la cantidad en el espacio a la izquierda de la línea 7.
    o Pensiones de incapacidad del formulario 1099-R si usted no han alcanzado la edad de jubilación mínima establecida por su empleador.

- **Línea 8a** - Cada contribuyente debe recibir un formulario 1099-INT o formulario 1099-OID. Con la cantidad de intereses devengados. Introduzca su ingreso total de interés tributable en línea la 8a. Pero deberá llenar y adjuntar el **"Schedule B"** si el total es más de $1.500.

- **Línea 8b** - Si recibe cualquier interés **No Tributables**, como intereses de bonos municipales, cada pagador debe enviarle un formulario **1099-INT**. Los intereses **NO Tributables** deben incluirse en la casilla 8 del formulario **1099-INT**. Entre el total de los intereses **No Tributables en** línea 8b. No incluya los intereses devengados en su IRA, cuenta de ahorros de salud, Archer o Medicare Advantage MSA o cuenta de ahorros Coverdell educación.

- **Línea 9a** - Cada contribuyente debe recibir un formulario **1099-DIV**. Detallando los el total de dividendos ordinarios recibidos. Ingrese esta cantidad en la línea 9a. Esta cantidad debe mostrarse en el cuadro 1a de formularios **1099-DIV**. Pero deberá llenar y adjuntar el **"Schedule B"** si el total es más de $1.500.

- **Línea 9b – Entre el** total de dividendos calificados en línea 9b. Los Dividendos calificados son elegibles para una tasa de impuestos más baja que otros ingresos ordinarios. Generalmente, estos dividendos se muestran en el cuadro 1b de formularios **1099-DIV**. Ver la Pub. 550 para la definición de dividendos calificados.

- **Línea 10 –** Entre en la línea 10 la cantidad reembolsada por las contribuciones sobre ingreso del estado donde recibió los ingresos.

- **Línea 11 –** Entre en la línea 11 la cantidad recibida de **"Alimony"** por un acuerdo de divorcio. **Esta cantidad no es la pensión alimenticia para sus hijos.**

- **Línea 12 –** Si usted es dueño de negocio o trabaja por su cuenta o recibe un **formulario 1099** debe llenar el anejo C. (si tiene más de un negocio debe llenar más de un anejo C). Anote en esta línea 11 la ganancia o pérdida del anejo C o Cez.

- **Línea 13 – Entre el** total de ganancia capital incluido en el encasillado (box) 2b, 2c y 2d del formulario **1099-DIV**. Si tiene ganancias o pérdidas capitales por activos capitales que haya vendido debe incluir un **"Schedule D"** con la información.

- **Línea 14 –** Entre en la línea 14 cualquier otra ganancia o pérdida obtenida en el 2012. Es posible que tenga que llenar un formulario 4797.

- **Línea 15a –** Distribuciones de sus cuentas **IRAS** Usted debe recibir un formulario 1099-R si recibió distribuciones de cuenta **IRA**. Entre en la línea 11ª la cantidad del encasillado (box 1) del formulario **1099R** de su **IRA**.

- **Línea 15b –** Entre en la línea 11b la cantidad tributable de la distribución recibida.

- **Línea 16a –** Distribuciones de sus pensiones. Usted debe recibir un formulario 1099-R si recibió pensiones. Entre en la línea 11ª la cantidad del encasillado (box 1) del formulario **1099R** de su **pensión**.

- **Línea 16b –** Entre en la línea 11b la cantidad tributable de la pensión recibida.

- **Línea 17 –** Si usted es agricultor o tubo ganancias o pérdidas agrícolas debe llenar el **anejo F** e incluir en esta línea el total de la ganancia o pérdida de las actividades agrícolas.

- **Línea 19** - Si ha recibido beneficios de desempleo, el estado le enviará la forma 1099-G que incluye el total pagado por desempleo. En esta línea debe incluir sus ingresos de pagos recibidos por desempleo.

- **Línea 20a** – Si ha recibido beneficios de **Seguro Social**, el Seguro Social le enviará la forma **SSA-1099** que incluye el total pagado por seguro social. En esta línea debe incluir sus ingresos de pagos recibidos por seguro social.
- **Línea 20b** – Si parte de sus ingresos de seguro social son tributables incluya la cantidad tributable en la línea 14B.
- **Línea 21** –Entre en la línea 21 cualquier otro ingreso que haya recibido.
- **Línea 22** – Sume las cantidades de las líneas 7 a la 21 y entre el total en la línea 22.

Sección de Ajustes al Ingreso (Adjusted Gross Income) – Líneas 23 A La 37

Adjusted Gross Income			
	23	Educator expenses	23
	24	Certain business expenses of reservists, performing artists, and fee-basis government officials. Attach Form 2106 or 2106-EZ	24
	25	Health savings account deduction. Attach Form 8889	25
	26	Moving expenses. Attach Form 3903	26
	27	Deductible part of self-employment tax. Attach Schedule SE	27
	28	Self-employed SEP, SIMPLE, and qualified plans	28
	29	Self-employed health insurance deduction	29
	30	Penalty on early withdrawal of savings	30
	31a	Alimony paid b Recipient's SSN ▶	31a
	32	IRA deduction	32
	33	Student loan interest deduction	33
	34	Tuition and fees. Attach Form 8917	34
	35	Domestic production activities deduction. Attach Form 8903	35
	36	Add lines 23 through 35	36
	37	Subtract line 36 from line 22. This is your adjusted gross income ▶	37

For Disclosure, Privacy Act, and Paperwork Reduction Act Notice, see separate instructions.   Cat. No. 11320B   Form **1040** (2011)

- **Línea 23** – Si usted fue un educador elegible en 2012, pueden deducir en línea 16 hasta $250 de gastos calificados que has pagado en 2012. Si usted y su cónyuge son presentar conjuntamente y ambos fueron elegibles educadores, la deducción máxima es de $500. Sin embargo, ninguno de los dos cónyuges pueden deducir más de $250 de sus gastos calificados en línea 16. Un educador elegible es un jardín de infancia a través de maestro de grado 12, instructor, consejero, principal o ayudante que trabajó en una escuela al menos 900 horas durante un año escolar.
- **Línea 24** – Si usted es un reservista del ejército, artista, u oficial del gobierno que recibe ingresos basado en tarifas puede deducir en esta línea algunos de sus gastos tenidos por generar su ingreso. Debe llenar el **formulario 2106 o 2106ez**.
- **Línea 25** –Entre en la línea 25 su aportación a un cuenta de ahorro de salud **"Health Saving Account" (HSA)**. Debe llenar el **formulario 8889**.
- **Línea 26** –Entre en la línea 26 los gastos de mudanza relacionada por su trabajo que no le fueron reembolsados. Debe llenar el **formulario 3903**.
- **Línea 27** –Si usted trabaja por cuenta propia debe llenar el **anejo SE** y pagar la contribución equivalente al **seguro social (15.30%)**. La mitad de esta contribución es deducible y la debe entrar en la línea 27.

- **Línea 28** –Si usted trabaja por cuenta propia y mantiene un plan de pensiones o calificado puede entrar la cantidad aportada en la línea 28.
- **Línea 29** – Si usted trabaja por cuenta propia y mantiene un plan de seguro médico puede entrar la cantidad aportada en la línea 29.
- **Línea 30** – Entre en esta línea cualquier penalidad recibida por retiro anticipado de un certificado o cuenta de ahorro.
- **Línea 31a y b** – Si usted pago **"Alimony"** por un decreto de divorcio puede deducir la cantidad pagada a su ex conyugue aquí en esta línea. Debe incluir en el **encasillado b** el número de seguro social de a quien hizo el pago.
- **Línea 32** – En esta línea debe incluir sus contribuciones a un IRA tradicional para el 2012.
- **Línea 33** – En esta línea debe incluir en los pagos de intereses de un préstamo estudiantil.
- **Línea 34** – En esta línea debe incluir los pagos de matrícula calificado para usted, su cónyuge o sus dependientes. Ver formulario 8917.
- **Línea 35** – Si usted manufactura o tiene producción doméstica puede recibir un crédito especial por la cantidad de nómina que incurre. Debe llenar el **formulario 8917** para determinar el crédito de la línea 35.
- **Línea 36** – Sume las cantidades de las líneas 23 a la 35 e incluya el total en esta línea.
- **Línea 37** – Reste la cantidad de las línea 36 a la cantidad de la línea 22 e incluya el resultado en esta línea. La línea 37 es el Total de **Su Ingreso Bruto Ajustado.**

Sección de Contribución y Créditos (Tax and Credits) – Líneas 38 A La 55

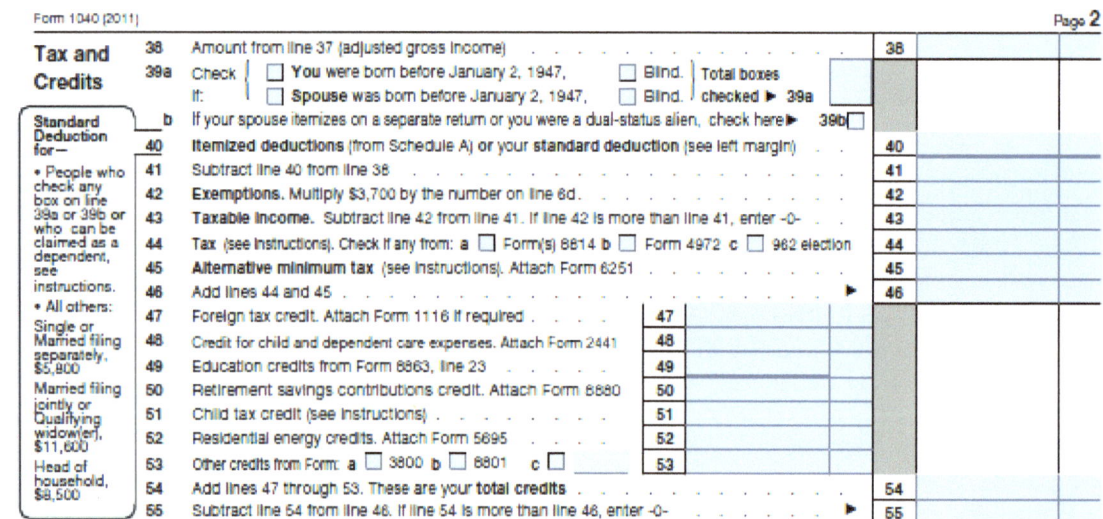

- **Línea 38** – En esta línea debe incluir la cantidad de la **línea 37**.
- **Línea 39a** – marque los encasillados correspondiente a si usted y o su esposa nacieron antes del 2 de enero del 1947 y si son ciegos. Incluya el total de los encasillados marcados en el encasillado a la derecha.
- **Línea 39b** – Marque este encasillado si usted es casado rindiendo planilla separados y alguno de los conyugues va a detallar sus deducciones.
- **Línea 40** – Entre su deducciones detalladas del **anejo A** o su deducción estándar en esta línea. Su deducción estándar es:
  - Soltero o casado rindiendo separado $5,800

- o Casado rindiendo juntos $11,600
- o Jefe de familia $ 8,500

Nota si usted marco los encasillados 23a su deducción estándar es mayor.

- **Línea 41** – Reste la cantidad de las línea 40 a la cantidad de la línea 38. Si la cantidad es negativa entre 0 en la línea 41.
- **Línea 42 – Exenciones** En esta línea usted va a determinar su reducción por las exenciones. Las exenciones se determinan basado en los números contribuyentes y dependientes que usted indicara en el encasillado 6D de la línea 6. Multiplique su número de exenciones por **$3,700** e incluya el total en la línea 42.
- **Línea 43** – Reste la cantidad de las línea 42 a la cantidad de la línea 41. Si la cantidad es negativa entre 0 en la línea 43. **Este es su ingreso sujeto a contribución.**
- **Línea 44** – Determine su contribución basado en la cantidad de la línea 43. Utilice el **anejo 1** para determinar su contribución.
- **Línea 45** – Usted debe verificar que no esté sujeto a la **contribución alternativa mínima.** Si usted está sujeto a esta contribución debe llenar el **formulario 6251**.
- **Línea 46** – Sume las líneas 44 y 45 y entre el total en la línea 46.
- **Línea 47 – Crédito por contribuciones pagadas al extranjero.** Si usted pago contribuciones a algún país extranjero deberá llenar el formulario 1116 e incluir el resultado en la línea 47.
- **Línea 48 – Crédito por Cuido de Niños Dependientes.** Si usted tiene que pagar por cuido de sus Niños dependientes para poder trabajar llene el **formulario 2441** para determinar el crédito a incluir en la línea 29.
- **Línea 49 – Crédito de la Oportunidad Americana y o educación.** Si usted, su conyugue o alguno de sus dependientes tuvo gastos de educación superior en el 2012, podría tener derecho a este crédito. Si usted califica para este crédito debe llenar el formulario 8863.
- **Línea 50 – Crédito por el ahorro.** Si usted ha aportado a algún plan de pensión o una IRA usted puede que califique para el crédito del ahorro. Para aplicar a este crédito debe llenar el formulario 8880.
- **Línea 51 – Crédito por Hijos.** El crédito tributario por hijos es un crédito que puede reducir su impuesto hasta en $1,000 por cada uno de sus hijos calificados. Su hijo debe ser menor de 17 años.
- **Línea 52** – Crédito por ahorro de energía "**residential energy credit**". Si adquirió equipos o hizo mejoras a su hogar que resulten en ahorro de energía es posible que usted tenga derecho a un crédito por ahorro de energía. Si este es su caso debe llenar el **formulario 5695** y entrar el resultado en la línea 52.
- **Línea 53** – Otro créditos. Si usted califica para los créditos de la **forma 3800 (Crédito General para Negocios)** o el crédito por haber pagado **contribución alternativa el año anterior (forma 8801)** llene estos formularios y entre el crédito en la línea 53.
- **Línea 54** – Sume las líneas 47 a la 53 y entre el total en la línea 54
- **Línea 55** – Reste la línea 54 de la línea 46. Si la línea 54 es mayor que la línea 46 entre 0 en la línea 55.

Sección de Otras Contribuciones (Other Taxes) – Líneas 56 A La 61

Other Taxes	56	Self-employment tax. Attach Schedule SE	56	
	57	Unreported social security and Medicare tax from Form: **a** ☐ 4137 **b** ☐ 8919	57	
	58	Additional tax on IRAs, other qualified retirement plans, etc. Attach Form 5329 if required	58	
	59a	Household employment taxes from Schedule H	59a	
	b	First-time homebuyer credit repayment. Attach Form 5405 if required	59b	
	60	Other taxes. Enter code(s) from instructions	60	
	61	Add lines 55 through 60. This is your **total tax** ▶	61	

- **Línea 56** - Si usted trabaja por cuenta propia debe llenar el **anejo SE** y pagar la contribución equivalente al **seguro social (15.30%)**. Anote en la línea 56 el total de esta contribución.
- **Línea 57** – Incluya en la línea 57 cualquier cantidad de contribución de seguro social de las propinas no reportadas. Llene los **formularios 4137 y 8919** para determinar esta cantidad.

- **Línea 58** – Si usted retiro dinero de sus cuentas IRAs o de pensiones antes de la edad requerida usted está sujeto a una penalidad del 10%. Llene el **formulario 5329** para determinar la penalidad e inclúyala en la línea 58.
- **Línea 59a** – Si usted tuvo empleado doméstico y les pago sobre $1,800 debe pagar la contribución del seguro social correspondiente a estos salarios. Debe llenar el anejo H para computar la contribución e incluirla en la línea 59a.
- **Línea 59b** – Si usted se acogió al beneficio de la adquisición de su primer hogar y recibió un adelanto del pronto este adelanto hay que pagarlo anualmente. Llena la forma 5405 para determinar su devolución e inclúyala en la línea 59b.
- **Línea 60** – Entre en esta línea cualquier otro pago de contribución requerido y entre el número del Código relacionado a la contribución.
- **Línea 61** – Sume las líneas 55 a la 60 y entre el total en la línea 61. Este es el total de su contribución.

Sección de pagos (Payments) – Líneas 62 A La 72

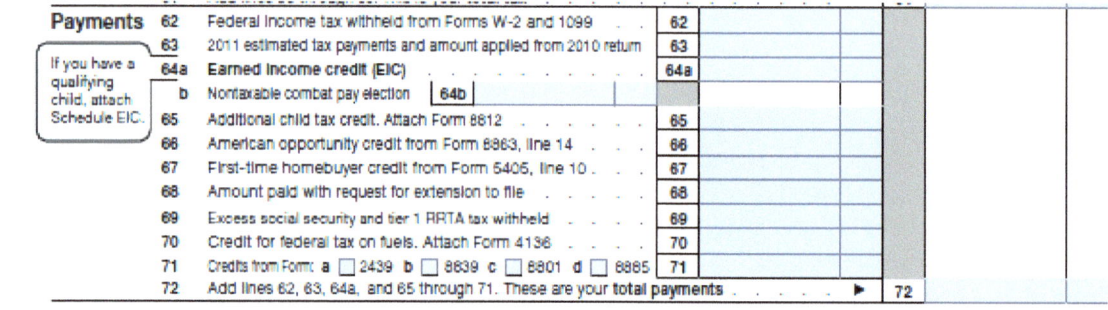

Payments	62	Federal income tax withheld from Forms W-2 and 1099	62	
If you have a qualifying child, attach Schedule EIC.	63	2011 estimated tax payments and amount applied from 2010 return	63	
	64a	**Earned income credit (EIC)**	64a	
	b	Nontaxable combat pay election **64b**		
	65	Additional child tax credit. Attach Form 8812	65	
	66	American opportunity credit from Form 8863, line 14	66	
	67	First-time homebuyer credit from Form 5405, line 10	67	
	68	Amount paid with request for extension to file	68	
	69	Excess social security and tier 1 RRTA tax withheld	69	
	70	Credit for federal tax on fuels. Attach Form 4136	70	
	71	Credits from Form: **a** ☐ 2439 **b** ☐ 8839 **c** ☐ 8801 **d** ☐ 8885	71	
	72	Add lines 62, 63, 64a, and 65 through 71. These are your **total payments** ▶	72	

- **Línea 62** – En la línea 62 entre la cantidad de contribución que fue retenida por su patrono. Esta cantidad la encuentra en el encasillado 2 de su W-2 y o 1099.
- **Línea 63** – En la línea 37 entre cualquier cantidad enviada como pago de contribución estimada para el 2012 o si hubo un sobrante del 2010 que usted pidió se aplicara a su contribución del 2012.

- **Línea 64a** – En esta línea debe incluir el crédito por ingreso trabajado (**EIC**) si alguno.
- **Línea 64b** – En esta línea incluye cualquier cantidad reclamada como exenta por el personal militar en áreas de combate.
- **Línea 65** – Anote aquí la cantidad de su crédito adicional por hijos. Para este crédito usted debe llenar el formulario 8812.
- **Línea 66** – cantidad reembolsable del Crédito e la Oportunidad Americana. **American Opportunity Act**. Esta cantidad está en la línea 14 de su **formulario 8863**. compute su contribución basado en las tablas contributivas (véase anejo 1) y entre la cantidad en esta línea.
- **Línea 67** – Si usted estaba en la fuerzas armadas es posible que tenga derecho al Crédito por Compra del Primer Hogar. Si usted tiene derecho a este crédito llene el formulario 5405 y entre el total de la línea 10 en esta línea.
- **Línea 68** – Si usted pidió una extensión para radicar su planilla e incluyo un pago con la extensión incluya la cantidad pagada con la extensión en esta línea.
- **Línea 69** – Si usted solicito retención de sus pagos de seguro social incluya la cantidad retenida en esta línea.
- **Línea 70** – Si usted pago arbitrios de combustibles no usado por transportación en las carreteras usted puede recibir un crédito por este arbitrio. Si tiene derecho a este crédito llene el formulario 4136 y entra la cantidad de su crédito en esta línea.
- **Línea 71** – **Créditos Formas 2439, 8839, 8801 y 8885.** Si usted tiene inversiones en una compañía de inversiones regulada (**RIC**) o un fideicomiso de inversión en bienes raíces (**REIT**) y las entidades pagaron contribución sobre ganancia capital no realizada usted debió recibir un **formulario 2439** Si usted recibió la 2439 marque el **encasillado a** e incluya el crédito en esta línea. Si usted adopto algún niño tiene derecho a un crédito sobre los gastos de adopción. Llene el **formulario 8839**, marque el **encasillado b** y entre su crédito en esta línea. Si tiene derecho a un crédito por haber pagado **contribución alternativa el año anterior** llene **la forma 8801**, marque el **encasillado c** y entre su crédito en esta línea. Si usted ha sido afectado por algún acuerdo de comercio con otro país es posible que tenga derecho a un crédito por el seguro médico pagado, llene **la forma 8885**, marque el **encasillado d** y entre su crédito en esta línea.
- **Línea 72** – Sume las líneas 62, 63, 64a y 65 hasta la 71 y entre el total en la línea 72. Este es su total de pagos hechos a su contribución.

Sección de Reembolso (Refund) – Líneas 73 A La 75

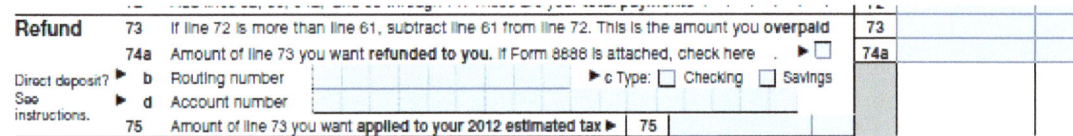

- **Línea 73** - Si la línea 72 es mayor que la línea 61 usted tiene derecho a un reembolso sobre la cantidad pagada de más. Anote esta diferencia en la línea 73.
- **Línea 74 a** – Anote en esta línea la cantidad de su pago en exceso que usted quiere que el gobierno le reembolse.
- **Línea 74 b, c y d** – Si desea que su reembolso sea depositado directamente a su cuenta de banco (Mas Rápido) entre la ruta de banco, tipo de cuenta, y número de cuenta en estas

líneas. De no entrar esta información entonces el Departamento del Tesoro de EU le enviara un cheque a la dirección indicada en el encabezamiento de su planilla.

- **Línea 75** – Anote en esta línea la cantidad de su pago en exceso que usted quiere utilizar como pago estimado para su planilla del 2012.

Sección de Deuda Contributiva (amount you owe) – Líneas 76 y 77

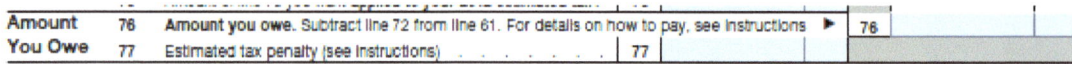

- **Línea 76** – Reste la línea 72 de la línea 61 y anote en esta línea la cantidad. Este es la cantidad que usted debe de contribución para el año 2012.
- **Línea 77** – Si la cantidad de la línea 76 es mayor de $1,000 es posible que usted tenga una penalidad por no haber pagado su contribución a tiempo. Use el formulario 2210 para calcular la penalidad e incluirla en la línea 77.

La última sección de su planilla usted indicara si quiere que alguna persona lo represente ante el IRS.

a) En la sección de **"Third Party Designee"** marque el encasillado de "yes" (Si) o "No" (No) si **quiere nombrar un representante. Si su contestación es afirmativa debe incluir el nombre, teléfono y Número de identificación de su representante.**
b) En la sección de **"Sign here"** debe usted y su conyugue firmar la planilla. **Recuerde que mediante su firmar esta usted certificando que la información suministrada en su planilla es correcta. Someter información falsa en su planilla estará sujeto a penalidades de perjurio y multas onerosas.**
c) En la sección de **"Paid Preparer Only"** asegúrese que si usted pago por la preparación de la planilla el preparador debe firmar la planilla e incluir sus datos de preparador. **Los preparadores de planilla son regulados por el IRS y deben tener un número de practicante.**

Anejo 1 Tabla de Contribución 2012

Table: 2013 Tax Rates and Brackets

Filing Status	Taxable Income	Rate
	$0 to $8,925*:	10%
	$8,925* to $36,250:	15%
	$36,250 to $87,850:	25%
Single	$87,850 to $183,250:	28%
	$183,250 to $398,350:	33%
	$398,350 to $400,000:	35%
	$400,000+:	39.6%
	$0 to $17,850*:	10%
	$17,850* to $72,500:	15%
	$72,500 to $146,400:	25%
Joint	$146,400 to $223,050:	28%
	$223,050 to $398,350:	33%
	$398,350 to $450,000:	35%
	$450,000+:	39.6%
	$0 to $12,750*:	10%
	$12,750* to $48,600:	15%
	$48,600 to $125,450:	25%
Head of Household	$125,450 to $203,150:	28%
	$203,150 to $398,350:	33%
	$398,350 to $425,000:	35%
	$425,000+:	39.6%